Wake of Chance

Estela del azar

Consuelo Hernández

Consuelo Hernández and María Roof, Translators

Floricanto Press

Floricanto is a trademark of *Floricanto Press*.

Berkeley Press is an imprint of Inter-American Development, Inc.

Floricanto Press

7177 Walnut Canyon Rd.

Moorpark, California 93021

(415) 793-2662

www.*FloricantoPress*.com

ISBN-13: 978-1-951088-27-9

LCNN: 2021936182

"Por nuestra cultura hablarán nuestros libros. Our books shall speak for our culture. "

Roberto Cabello-Argandoña, Editor

Cover illustration: *The Ring,* by Felix Portela, oil on canvas, 18" x 24". Private collection.

Wake of Chance

Estela del azar

Dedication

To the fighters against unfair systems into which we are plunged every day, to the marginalized of the Earth, those who suffer from the indifference of the powerful, the misunderstood, to the youth trafficked in marketplaces, abandoned and abused children, women victims of exclusion, to those forced to put a mask over their sadness... To all the mistreated animals and to my poor, tormented planet.

Dedicatoria

A los combatientes contra sistemas injustos en los que nos sumergen día a día, a los marginados de la tierra, los que sufren ante la indiferencia de los poderosos, los incomprendidos, a la juventud traficada en los mercados, los niños abusados y abandonados, las mujeres víctimas de la exclusión, a quienes les urge poner un velo a su tristeza… A los animales, maltratados y a mi pobre planeta atormentado.

A NOTE FROM THE CO-TRANSLATOR

These powerful poems, with their broadly international sensitivity, speak to the human condition in the 21st century: life-changing migrations of persons and hearts, redefining identities lost, seeking freedom and balance amidst chaos. This collection explores a new direction, foreshadowed in Consuelo Hernández's previous work, with her rich, multisensory palette of poetic expression. Surreal images become terrifyingly real, and in dialogue with icons of Western culture—Bach, Neruda, Mary Cassatt—the poet engages with deadly continental forces waging useless wars that reduce godforsaken places to rubble and join with the devastation of the Earth and the environment to leave generations of children and youth abandoned without love or parents, and lonely, displaced wanderers adrift on uncharted routes. The poet would prefer silence and solitude, yet she assumes the mantle of women prophets, guardians of life, searching in her peregrination for joy, music, colors... love, hope, and Eros as a bridge toward life.

–María Roof

NOTA DE LA CO-TRADUCTORA

Poemas poderosos que, con una sensibilidad ampliamente internacional, hablan de la condición humana en el siglo XXI, migraciones de cuerpo y corazón que cambian la vida y redefinen identidades perdidas, buscando libertad y equilibrio en medio del caos. Esta colección explora una nueva dirección, ya sugerida en la obra anterior de Consuelo Hernández, con su rica y multisensorial paleta de expresión poética. Las imágenes surrealistas se tornan aterradoramente reales, y en diálogo con íconos de la cultura occidental—Bach, Neruda, Mary Cassatt— la poeta encara fuerzas letales del continente que libran guerras inútiles llenando de escombros lugares abandonados de Dios y que, junto a la devastación de la Tierra y del medio ambiente, dejan generaciones de niños y jóvenes desprotegidos, sin amor, sin padres, nómadas solitarios y desplazados, extraviados en rutas desconocidas. La poeta que preferiría el silencio y la soledad asume el manto de mujeres profetas, guardianas de la vida, anhelando en su peregrinación la alegría, la música, los colores… el amor, la esperanza y Eros como un puente hacia la vida.

–María Roof

CONTENTS / CONTENIDO

POEMS / POEMAS

Epigraph

I am going to strut my pain and my anguish
forgive me for this folly
but it is the only thing this time has left me
of a persistent fall into the abyss.

Epígrafe

Voy a pavonear mi dolor y mis angustias
perdón por este desatino
pero es lo único que me ha dejado este tiempo
de persistente caída hacia el abismo.

I Can Write Verses

After reading Pablo Neruda

Of course.
I can write the saddest verses on this time
on the world and its unparalleled rotation
forging new planets… twelve already
I can write on the exclusion of women
on children abandoned by their parents
on the dead lost between dust and oblivion
on those beheaded and dismembered
on violence in its vain race against life
on barbed-wire fences and walls, I could write.

I can write for example on homes torn down
on the laughable peace of missiles,
on mercenaries selling their bit of freedom
on the powerful ruling against nature
on ethics as a show of arbitrariness.

I can write on ignorance
            and other lethal illnesses
on missing tolerance and truth
on obesity in the north and starvation in the south
on addictions pacifying pain and sorrow
on elite extravagance, its satiety,
            and greed
on the oppression that suppresses our ability to breath.

Puedo escribir los versos

Después de leer a Pablo Neruda

Sí.
Puedo escribir los versos más tristes de esta época
del mundo y su rotar sin precedencia
originando nuevos planetas …ya son doce.
Puedo escribir de la exclusión de las mujeres
de los niños abandonados por sus padres
de los muertos entre el polvo y el olvido
de los decapitados, mutilados
de la violencia en su inútil correr contra la vida
de las cercas de púas, de las murallas, podría escribir.

Puedo escribir por ejemplo de las casas destruidas
de la irónica paz de los misiles,
de los mercenarios que vendieron su porción de libertad
de los enseñoreados contra las leyes de natura
de la ética como manifestación de lo arbitrario.

Puedo escribir de la ignorancia
          y otras enfermedades mortales
de la falta de verdad y tolerancia
de la obesidad del norte y la desnutrición del sur
de las adicciones que apaciguan los dolores
de la extravagancia de una élite en su hartura
          y su codicia
de la opresión que nos sofoca.

I can write on corruption devouring us
on jealousy that gnaws at innards
on excessive frauds and taxes
on devastation of the Earth, our home planet
on trash piled up on coastlines
on toxic waste contaminating habitat
on the junk sailors toss into the oceans
on massacres and tortures, I could write.

I can write on trading in air, water and land
on children who click on menu icons
to see virtual reality in technicolor
on their endless hours facing screens
orphaned of caresses, slaves of video games.

I can write poems
          on strident invasions of senses
on the potpourri of disasters
in this epoch of wars, famine, and poverty,
on sex without love I can write a poem.

Puedo escribir de la corrupción que nos engulle
de los celos que carcomen las entrañas
del exceso de impuestos e imposturas
de la destrucción del planeta que habitamos
de la basura amontonada en las playas
de los residuos tóxicos que contaminan el hábitat
de los desechos que marineros lanzan a la mar
de matanzas y torturas, podría escribir.

Puedo escribir del comercio con el aire, el agua y la tierra
de los niños que presionan íconos
para ver en tecnicolor la realidad virtual
de las horas sin fin en las pantallas
huérfanos de caricias, prisioneros de juegos electrónicos.

Puedo escribir el poema de la estridencia
            que invade los sentidos
del potpurrí de desastres
de este tiempo de guerras, de hambrunas y pobreza,
del sexo sin amor puedo escribir un poema.

Love Is a Bridge

Love is a bridge over the solitary river
                          hurdling across ravines
an arc agleam interrupting flows
an intrusive wind
        into virgin fields.

Love is a bridge towards life
it's an eye between reality and reflection
a passage between slums
bonded by an unpredicted wind
it's a kiss
of two strangers leaping for joy.

Let's be bridges again on the span of embraces
and from the handrail let's raise a song
that melts the fog and demolishes walls.

And, as in the beginning,
let's offer our bodies to the rituals of Eros.

El amor es puente

El amor es un puente sobre el río solitario
                    sorteador de abismos
reluciente arco interruptor de flujos,
un viento intruso
            en espacios vírgenes.

El amor es el puente hacia la vida
un ojo entre la realidad y su reflejo,
un paso entre barriadas
unidas por el viento inoportuno
es un beso
de dos extraños que saltan de contentos.

Volvamos a ser puentes en la rampa del abrazo
 y desde el pasamanos elevemos un canto
que derrita la bruma y derrumbe las murallas.

Y, como en el principio,
ofrendemos el cuerpo a los ritos de Eros.

Private Property

Those in power took everything
ambitious developers ruined the landscape
investors inverted our values
those interested in their neighbors got detached.

Violated Earth
your mountains eroded
your healing milk contaminated
your woman's skin wounded.

No more beaches for you
                    my child
there won't be clean air in your sphere
the Earth has owners now
oxygen and water have owners
and today in the paper I read that
            sunlight is up for auction…

You should build a refuge
            at the depths of your being
and learn how to live from the radiance of your own nudity.

Propiedad privada

Todo se lo llevaron los señores del poder
los desarrollistas enrollaron el paisaje en su ambición
los inversores invirtieron los valores
los interesados se desinteresaron por el prójimo.

Tierra violada
erosionados tus montes
contaminada tu leche curativa
herida tu piel de mujer.

Ya no habrá playas para ti
                        mi niño
no habrá aire limpio en tu paisaje
la tierra ya tiene dueños
el oxígeno y el agua tienen dueños
y hoy leí en el diario que se subasta
                la luz del astro rey…

Debes construir un refugio
                en el fondo de tu ser
y aprender a vivir del resplandor de tu propia desnudez.

The Other Shore

Passing to the other shore, savoring
   the blue tear of sadness
   the frozen drop of a farewell.
Arriving at a nameless point
   lost in the distant vastness
feeling the certainty of separation…

The life force slowly overflows
migrants move though biting rays of sun
and far-off towers rise in
   barely sensed skies…

Chance holds another space for them
   to raise their tent
the maddening wind beats down
and all say invented prayers
seeking firm solidarity
to exorcise the elements and loneliness.

Otra orilla

Pasar a otra orilla es saborear
            la lágrima azul de la tristeza
            la gota congelada de un adiós.
Es llegar a un punto indefinible
            perdido en la vastedad de la distancia
con la certeza de la separación…

A paso lento la vida se desborda
los dientes de la luz los migrantes atraviesan
y torres lejanas acarician cielos
            apenas presentidos…

El azar les depara otra arena
      para alzar la tienda de campaña
golpea el viento mundanal
y todos rezan oraciones inventadas
en busca de la solidaridad a toda prueba
para conjurar la soledad y la intemperie.

Surpassing Limits

I decided to surpass my own limits
live beyond the barriers of my skin
facing this catastrophic time.

...
Important was not arriving
but to keep traveling.

I was trapped by darkness and tedium
by the desert's lonely dryness
and built another tunnel to the world.

I wished to be a sister to dawn's light
sense what the penniless endure
and that 16-hour-a-day laborer
searching for the promised land.

I was given perfect solitude
I tried to erase steps and traces
my desires were purged in the fire
I cleared myself of the superfluous

and perceived the same universal pulse
in the grain of sand, in animals and things
even in people we hardly ever notice
for the essence is not the differences.

Saltar los límites

Me propuse saltar mis propios límites
vivir más allá de las barreras de mi piel
confrontando este tiempo catastrófico.

...
No era el destino,
sino el desplazarme lo importante.

Fui presa del tedio y de la noche
de la aridez solitaria del desierto
y construí otro túnel hacia el mundo.

Yo quise ser hermana de la aurora
pulsar lo que siente un indigente
y el que labora dieciséis horas al día
en busca de la tierra prometida.

La soledad perfecta me fue dada
quise borrar los pasos y las huellas
mis deseos fueron purgados en el fuego
me desprendí de todo lo superfluo

y sentí la misma pulsación del universo
en el grano de arena, en los animales y en las cosas
incluso en personas en las que casi nunca reparamos
porque lo esencial no es la diferencia.

Thinking of the creator more often than I breathe
I proceeded as an expert in the desert…
and far away from words' avenues
I recast them into a warm smile and courage…

Pensando en el creador con la frecuencia que respiro
proseguí como experta del desierto...
y alejada de las palabras y sus sendas
las transmuté en sonrisa cálida y aliento...

Guardians of Life

Beyond the red carpets and flirtations,
of theaters and binocular vision...
women from my childhood awaken in these images.
Grandma drinks her coffee absorbed in the newspaper
and my sister finds relief in the early morning sun.

In the park sewers embroider children's garments
at home nannies bathe newborn babies
and mothers breast-feed them with infinite tenderness...

Lone women ride buses taking care of their kids
seamstresses try new fashion outfits on young girls,
the very loving mother washes her daughter's feet
and with her in arms inches close to joy and happiness.

The mother receives a letter coming from far away
and in confusion and silence tears run down her face;
heroines of vim and vigor with balms of silence
dismantled pain and torments when all was going wrong.

Mothers, wives, sisters, and daughters in their
                            volatile planets
forerunners of artificial intelligence.
Their eyes were video cameras watching over babies,
their voices, home microphones, helping family members
                        no matter where they were.

Guardianas de la vida

Más allá de alfombras rojas y flirteos,
de teatros y visión binocular…
las mujeres de la infancia despiertan en mis imágenes.
Abuela bebe el café y absorta lee el diario
y mi hermana encuentra alivio en el sol de la mañana.

Las tejedoras del parque bordan trajes para niños
en privado las nanas bañan los recién nacidos
y con ternura infinita las madres los amamantan ...

En el autobús, van solas las mujeres con sus hijos
a las niñas la modista les prueba los trajes nuevos,
la madre muy amorosa lava los pies a su hija
y pisa, con ella en brazos, los talones a la dicha.

De muy lejos una carta le ha llegado a la mamá
y en un confuso silencio por su rostro ruedan lágrimas;
de nervio y brío heroínas que con bálsamos de silencio
deconstruían el dolor cuando todo iba mal.

Madres, esposas, y hermanas, en sus
                    planetas volátiles
fueron las precursoras de la inteligencia artificial.
Sus ojos eran las cámaras para cuidar de los niños,
su voz, micrófono en casa, asistía a los ocupantes
                    sin importar donde estaban.

They were drop-down TVs turned on every night
lulling us to sleep, retelling stories for kids;
health sensors detecting illnesses,
fever symptoms and any other disorder.

Robotic arms in the kitchen with mouthwatering dishes
           that afterwards washed the plates as well
staring into the distance and rooted in themselves
archive and repository, mistresses of keyrings
they were vital oxygen enlivening the scenery
and lighting up the doorway when we returned from a trip.

Yes. These powerful women, anonymous and ignored,
that my poem now positions at the center of the stage
are the guardians of life and dwellers in my spirit.

Eran TV desplegable que se activaba en las noches
para arrullar nuestros sueños con historias renovadas;
sensores de la salud detectando enfermedades,
los síntomas de fiebre o cualquier otro malestar.

Brazos de robot en la cocina de suculentos platillos
        y, luego, también limpiaban
con la mirada perdida y arraigadas en sí mismas
archivo y repositorio, dueñas del manojo de llaves
eran ellas el oxígeno que avivaba los paisajes
cuando volvíamos de viaje y el portal iluminaban.

Sí. Estas poderosas mujeres anónimas e ignoradas
que hoy coloca en primer plano mi reflector del poema
son guardianas de la vida y huéspedes de mi alma.

Rain in the Amazon

Rain came pouring down again
ceaselessly showering the afternoon.

Protected by the shelter's palm-thatched roof
in Macedonia's great heights
I am chatting with a Miraña woman, a Ticuna
and a Huitoto man...
three original nations
and under the immense sky, the Amazon ambles along.

Lightning flashes
rays crash and rain soaks
and we're afraid to run down to the house
with its smell of snails and anemones...
Night falls
water silently carries branches
palm fronds, trash, dead birds
and floating memories that we thought long-forgotten.

The rain shifts its rhythm
large, heavy drops...
without soaking us, the silence refreshes...
The broad yautia leaf is my umbrella
as we descend from the peak
bathed in clean joy
shining with the light of a pure smile
walking to the home of the native woman
with the distrustful Huitto who lost his innocence.

Lluvia en la Amazonia

Vino otra vez la lluvia a cántaros
 incesantemente riega la tarde.

Protegida por un techo de palma en el escampadero
estoy en la gran altura de Macedonia
conversando con una mujer miraña, un ticuna
     y un huitoto...
     tres naciones indígenas
     y bajo el inmenso cielo, se desliza el Amazonas.

Iluminan los relámpagos
caen rayos y la lluvia moja
y persiste un temor de cruzar a la casa
con sabor a caracoles y anémonas…
Cae la noche
el agua lleva los troncos en silencio
hojas de palma, basura, aves muertas
y reflotan recuerdos que creíamos olvidados…

Cambia de ritmo la lluvia
goterones fuertes...
el silencio refresca sin mojarnos…
La enorme hoja de yautía es un paraguas
para descender de la cima
bañados de alegría limpia
brillamos con la luz de la sonrisa pura
y caminamos hasta la casa de la indígena
con el huitoto desconfiado que ha perdido su inocencia.

We arrive
the rain stops
and we are new fruit,
a raindrop,
an alligator
a crocodile…
all and nothing
after this purifying pluvial bath.

Llegamos
la lluvia cesa
y somos fruto nuevo,
una gota,
un caimán
un cocodrilo...
todo y nada
después de este purificador baño pluvial.

In the Milwaukee Museum

Your lake waters filled me up
moistened I am by the sky
light seeps into my eternal wound
water overflows my surroundings
and breaks the routine of snow
on this autumnal dusk.

Like Calatrava, the creator, I sprout wings
        I am an eagle-gull in flight
the universe fits inside me too
I satiate my voracious thirst for harmonies
soaring in the sunset
        smiling at the universe
and from the word-act
        emerge embryos of lust.

En el museo de Milwaukee

Me preñó tu lago
húmeda estoy de cielo
cala la luz en mi eterna herida
el agua desborda mis paisajes
y rompe la rutina de la nieve
en este un atardecer otoñal.

Con Calatrava, su creador, me alo
            soy águila-gaviota en vuelo
en mí también cabe el universo
sacio mi voraz sed de armonías
avanzo en el ocaso
            sonrío al universo
y de la palabra-acto
            emergen embriones de lujuria.

Winter

Cover my eyes, please,
and don't let me keep watching
this relentless falling of snow.
Protect me with your mantle
on my knees
I blindly search for the key to a scene
I believed long-buried…

Take me back to my torrid years
to the tale with its heroes
to that fury of lips upon lips
when passion was the bed
for blazes in my own life.

Free me from this improvised disaster
come to the secret marrow of my bones
and before old age and clichés fossilize it all
may frenzy devour us with its democratic madness.

Invierno

Tápame los ojos, por favor,
y no permitas que vea más
este caer sin tregua de la nieve.
Protégeme con tu manto
de rodillas
a tientas busco la llave de un paisaje
que creía tener ya sepultado...

Regrésame a mis años tórridos
a la fábula con sus protagonistas
a ese furor de labios entre labios
cuando la pasión era anfitriona
de las llamaradas en mi propia vida.

Libérame de este desastre improvisado
llega hasta la médula secreta de mis huesos
y antes de que la vejez y el cliché lo fosifiquen todo
que el frenesí nos devore con su democrática locura.

Baroque

After listening to Bach

When self-confidence inhabits me
and desire broadens its realms,
I courageously head to the elusive goal
step forward praying to God for some way
to get into the concert hall
the door opens and they let me in without reproach.

I am keeper and mistress of space
in the dark, I see more clearly
that beacon of light in the tempest…

Music brings out its domains
and notes from other centuries
start vibrating over my countenance.

The sweet melody begins.
The vicious serpent departs,
and inside I realize the calamity just ended.

Barroco
Después de escuchar a Bach

Cuando la seguridad me invade
y el deseo extiende sus dominios
guío aguerrida a la elusiva meta
me adelanto y pido a Dios permiso
para entrar a la sala a cualquier precio
la puerta se abre, y me apresuro a pasar sin represalias.

Soy dueña y señora del espacio
en la oscuridad veo más claro
ese punto de luz en la tormenta...

La música instala sus imperios
y empiezan a circular por mi semblante
notas venidas de otros siglos.

Se inicia el dulce silabeo.
La serpiente cruel se marcha,
y siento en mi interior la catástrofe que acaba de pasar.

Only peace remains… and Bach's music
that was harmony, baroque and wandering…
an eternal home of memories strikes me:
my life between rocks and dunes
at the foot of silent mountains
gazing at clouds going by
(a rite of threats)
a clavichord takes hold of me
full of prayers at six in the afternoon
and the guardian angel at my side
watching over me night and day
as my grandma used to say.

The dullness of night slowly passes
and like a never-ending night terror
gives way to a siren of curfew
a state of siege…
The new reality that overtakes me
leaves me perplexed
slowly invades parks on the poor land I live in
that cleanses itself of all guilt
empties itself of all unfair pain
of all insane evil.

Sólo queda una paz... la música de Bach
que tal vez nunca supo que barroca y viajera
                              era armonía...
me invade un cementerio de recuerdos:
mi vida entre las piedras y las dunas
al pie de las montañas silenciosas
mirando pasar las nubes
(un ritual de amenazas)
me asalta un clavicordio
cargado de oraciones a las seis de la tarde
y el ángel de la guarda en las márgenes
que según mi abuelita me decía
me cuidaba de noche y de día.

Pasa lento el tedio de la noche
y como pesadilla infinita
se resuelve en un toque de queda
en estado de sitio...
Me deja perpleja
la nueva realidad que me visita
invade lenta los parques de la pobre tierra que habito
que se limpia de toda culpa
se vacía de todo dolor injusto
de toda insana maldad.

Virtual Reality

As the pale afternoon light falls
upon my computer screen
I glide back to my childhood roads
and relive in the midst of a world
that leaves us ever more alone
the warmth of the palms of your hands
stroking my face
virgin of caresses
and that sweet-scented breath in your word.

Back then, skin was absolutely necessary
and your steps sounding on my street
was my distinctive music beat.

On afternoons I am longing for your visits
when my house was yours, and yours was mine.

We no longer love each other skin to skin
face to face communication is a miracle
enjoying your body's fragrance is impossible.

Nowadays we have virtual love
virtual beauty
virtual reality
and artificial intelligence…

Realidad virtual

Mientras cae la tenue luz de la tarde
sobre la pantalla del ordenador
me deslizo por las calles de mi infancia
y revivo en medio de este mundo
que nos deja cada vez más solos
el calor de la palma de tus manos
recorriendo mi perfil
virgen de caricias
y la palabra endulzada con tu aliento.

Entonces, la piel era absolutamente necesaria
y el sonar de tus pasos en mi calle
era la nota inconfundible de mi música.

Nostalgio de las tardes tus visitas
cuando mi casa era tu casa y tu casa era la mía...

Ya no nos amamos piel con piel
comunicarnos cara a cara es un milagro
aspirar el humor de tu cuerpo no es posible.

Ahora tenemos amor virtual
belleza virtual
realidad virtual
e inteligencia artificial…

I have not embraced my most beloved
                    in a long time
we send each other electronic messages
        without any meaningful hand trace.
We nearly forgot sharing a table
humans are hard to find in my spaces.
We are living in an avaricious time
obeying the web that engulfs touch.
If you came back to life, my friend,
if you returned
you wouldn't know where to turn
in the present technocratic reign.

A los seres más queridos no los abrazo
                    desde hace mucho tiempo
nos escribimos mensajes electrónicos
        sin la conocida huella de la mano.
Casi olvidamos la mesa en compañía
los humanos escasean en mi paisaje.
Vivimos un tiempo avaricioso
sumisos a la red que absorbe el tacto.
Si revivieras, amigo,
si volvieras
no sabrías cómo orientarte
en el actual reino tecnocrático.

To the Rhythm of Jazz

After a concert by the Count Basie Orchestra

Let's unfold our arms to the sunlight
sighting the highest point
we may behold in the sky
calm smile and feet on the ground.

Let's move on to the sensual disorder
to the musical flow
and syncopated dance
chasing cadences that unveil
                in the night's deep heaven
a survivors' horizon
where the serpentine brass resounds.

Let's skip the arranged date
in this Goyaesque chiaroscuro
                wheat field of oscillating lights.

Let's seek van Gogh's pristine light
that will never fail to illuminate
                our galactic universe.

Al compás del jazz

Después del concierto de la orquesta Count Basie

Abramos los brazos a la luz del sol
con la mirada puesta en lo más alto
que podamos precisar del firmamento
con sonrisa serena y pies en tierra.

Vayamos al caos de los sentidos
al ritmo de la música
con pasos sincopados
persiguiendo acordes que presagian
           en el alto cielo de la noche
un trasfondo de sobrevivientes
donde resuena la serpiente de metal.

Olvidemos la cita concertada
en este goyesco claroscuro
         trigal de intermitentes luces.

Busquemos la luz virgen de van Gogh
que nunca dejará de alumbrar
         nuestro galáctico universo.

Wings

After viewing works by Mary Cassatt

Wearied grandmothers, great grandmothers, mothers
and other ladies with a comfortable life
all sharing the same forbearance
same frustrations,
burdened with countless responsibilities.

Women from hardened times
their thoughts lost in their inner lives
blind to surprise within their sight
they saw only the world they abdicated
the one they were unable to reshape
built at the expense of their dreams
that turned them into statues
halted in their intimate landscape.

You since childhood, on that blue chair
were compelled to see another way
your realm was not the present,
                    a dilapidated, inaccessible age.
You dreamed
and set yourself to forging a winged woman.

Alas

Después de ver obras de María Cassatt

Abuelas, bisabuelas, madres trajinadas
o señoras de vida confortable
con la misma sobriedad,
la misma frustración,
cargadas de responsabilidad sin límites.

Mujeres de una triste época
con el pensar perdido en su interior
ciegas al asombro ante su vista
sólo vieron el mundo que abdicaron
el que no pudieron transformar
el que se hizo a costa de ellas
y las trocó en estatuas
detenidas en su íntimo paisaje.

Tú desde niña, en esa silla azul
fuiste obligada a mirar hacia otra parte
el presente no era tu dominio,
                    desvencijada edad, inabordable.
Tú soñabas
y te dedicaste a forjar una mujer alada.

Struggle

That pale, chubby old man
    enemy and adversary,
designs cubicles and incendiary tunnels
    without the least compassion.

Saturnine being
he clubs down happiness,
insults intelligence,
dares to detour natural law
    dry up fountains and rivers
    and choke our desire to flow forth and renew.

This man who raises walls
suspends movements…
combats the gods' messengers
and blocks cupid's presence.

Let's get on the bus to the summit
and avoiding getting stuck in obsolete clays,
let's flee through the emergency exit…
It's useless to get exhausted in the fight
the aim is to reach the goal
        uninjured and invincible.

Lucha

Ese anciano pálido y rollizo
        enemigo y adversario
delinea cubículos y túneles incendiarios
        sin la menor compasión.

Saturnal
asesta golpes a la alegría,
hiere la inteligencia,
pretende desviar la ley natural,
        secar fuentes y ríos
        y coartar la capacidad de fluir y renovarnos.

Este hombre que levanta muros
detiene desplazamientos…
combate los mensajeros de los dioses
y se interpone a la presencia de cupido.

Abordemos el autobús hacia la cumbre
sin atascarnos en arcillas obsoletas,
huyamos por la salida de emergencia…
Es inútil agotarse en la pelea
la meta es llegar al destino
        ilesos e invencibles.

Dystopia

Time has brought a twist of fate,
beloved nation with the courage of lions,
where your rebelliousness? where your daring?

Your language-light became silent
as they pillaged your freedom, your riches, and your pride…
you are dying of illnesses and hunger.

Land of the south, it's been
so long since you laughed
                since you dreamed…
prisons and tortures proliferate…
the helpless swarm your streets
                and sidewalks of neighboring countries.
You call for relief,
liberation from the merciless
                from the murderers of your youth
screaming for help
and demanding no more ravages to your Edenic skin.

Within trenches intruders locked you up
                abuse you… corrode you,
                and leave you mortally wounded.

You are a roller coaster
with your own acrobatic circus
but you won't die on the trapeze
since you have reached the center of yourself.

Distopia

El tiempo ha retorcido tu destino,
amado país con coraje de leones,
tu rebeldía, y tu arrojo a dónde se ocultaron…

Tu lenguaje-luz enmudeció,
saquearon tu libertad, tu riqueza y tu altivez…
y de enfermedades y de hambre desfalleces.

Tierra del sur,
hace mucho que no ríes
            que no sueñas…
multiplican prisiones y torturas…
desamparados pululan en tus calles
            y en las veredas de países vecinos.
Pides auxilio,
liberación de los despiadados
            de los asesinos de muchachos
que dan gritos de socorro
y demandan no más rapiñas en tu piel de paraíso.

Entre diques te encerraron los intrusos;
            te abusan… te corroen,
              y herida de muerte estás.

Una montaña rusa eres
con tu propio circo de acrobacias
pero no morirás en el trapecio
porque has llegado al centro de ti misma.

You are more than bloodied mud
in vain they try to devour you
and leave your soul adrift
everything in you shouts "Forward!"
your own flesh in the raw you have seen
and each day you move closer to victory.

Eres más que lodo ensangrentado
es inútil que intenten devorarte
y dejarte con el alma a la deriva
pues, todo en ti grita: ¡adelante!
y ahora que te has visto en carne viva
cada día das un paso a la victoria.

In Check

They are surrounded
and stale air stalks them
hours of distress
they are threatened
forced
humiliated
placed at the center of the stage,
while the others play chess
and discuss options for revenge.

Inside uneasiness and fear
outside serenity and calm.
They buy time
meditating
and in silence beg for compassion.

May knives not slash wrists
or divert the blood flow.
May the bag hanging on the hook not suffocate them.
May the electroshock fail to work.
May rifles fired and craters opened
                              not reach them,
and may fear be dissolved…

A protecting presence redeems them
         And they are still alive!

En jaque

Los rodean,
una atmósfera viciada los acecha
horas de zozobra
los amenazan,
los fuerzan,
los humillan,
los colocan en el centro de un tablado,
mientras los otros juegan ajedrez
y discuten opciones de condena.

Adentro desazón y temor
afuera serenidad y calma.
ganan tiempo
meditando
y en silencio piden compasión.

Que los cuchillos no corten las muñecas
que no desvíen el flujo de la sangre.
Que la bolsa colgada de la pared no los asfixie.
Que los electrochoques no funcionen.
Que el fusil que disparan y los cráteres que abren
                          no los toquen,
y que el miedo se deslía…

Una presencia protectora los redime
        ¡Y siguen vivos!

Peace Treaty

At the end of the needless extermination
men and women soldiers return home
happy to feel alive
after cheating their date with death.

Their tireless partners are waiting,
                their relatives, their children
marked by the sobbing in the desert
by the fear of unwanted news
by the precarious refugee camps…
They're refilling their backpacks
and preparing their victuals
for tomorrow another routine begins again.

No more war, the dictator is leaving
to set up his nightmare elsewhere.
In opulence he will savor his defeat
living among strangers
and accusing glares…

The ceasefire comes;
no more military exercises,
or early morning runs
and combat simulations.
The equipment is still ready
and the provisions packed.
Goodbye to panic and tormented nights.
Let's raise a glass and toast to peace.

Acuerdo de paz

Al fin del exterminio innecesario
vuelven a casa soldados y soldadas
alegres de sentirse vivos
de haber burlado la cita con la muerte.

Incansables esperan sus parejas,
        sus hijos, sus parientes
marcados por el llanto del desierto
por el temor a una noticia inoportuna
por los precarios campos de refugio…
Ya rehacen sus morrales
y preparan sus fiambres
mañana otra rutina recomienza.

No más guerra, el dictador se va
a instalar su pesadilla más allá.
En opulencia saboreará su derrota
la vida entre extraños
las miradas acusadoras...

Llega la tregua;
basta de ejercicios militares,
de carreras en la madrugada
y de simulacros de combates.
El pertrecho se queda listo
y las provisiones empacadas.
Adiós a las noches de pánico y tormentas.
Levantemos una copa y brindemos por la paz.

Masks

Each face is the mask of a loss
of suffering pain until joy
and turning distress into calm.

Behind the false warrior reawakens
the beggar at the temple's door
the homeless sleeping on the street
the powerful who know no mercy.

A mask conceals the one
            who in a bath is like any other
who drops a fleeting tear on the sheets
in an insomnia that no one could suspect…

Each mask is a suitable disguise
that hides an unutterable sorrow in the chest.

Caretas

Cada rostro es la careta de un despojo
de maniobrar dolores hasta el goce
de cambiar la tensión por la quietud.

Detrás de un falso guerrero resucita
el mendigo del atrio de los templos
el desamparado que duerme en una calle
el poderoso carente de piedad.

Una máscara oculta a aquel
                que en el baño es un cualquiera
al que deja una lágrima fugaz entre las sábanas
en un insomnio que nadie se sospecha…

Cada careta es un disfraz de conveniencia
que esconde un indecible dolor en el pecho.

Reflection

Lord of change,
silence this noisy cascade of gramophones
erase the passing of time
transfigure me…
Lead me to the promising night
          to the secret pantry stash of candies
give me the key to locked rooms
and grant me the placid calm of the orchard
          of orange trees
of pineapples before possums bite them.
I am so alone,
I open windows to hear street noise
the night looks thicker than ever
no stars to gloss the moon
no goal do I reach
I must light all my lamps.

Reflexión

Señor del cambio,
silencia esta ruidosa catarata de gramófonos
borra el paso del tiempo
transfigúrame...
Condúceme a la noche promisoria
              a la secreta repostería de las golosinas
dame la clave de los cuartos cerrados
y concédeme la placidez del huerto
              de los naranjos
de las piñas antes que las muerdan las zarigüeyas.
Estoy tan sola,
abro las ventanas para escuchar el ruido de la calle
la noche luce espesa como nunca
no hay estrellas para glosar la luna
a ninguna meta llego
preciso encender todos los faroles.

End of the Road

The footpaths converge at the mountain top,
tangles are oppressing my heart
in the murky home secrecy, rooms have disappeared
                  devoured by moss and birds.

The cloudy, faded sun trims its rays
and drags itself,
joining the healing clearness
appearing like a milky lenitive
with a flavor of oats, of morning songs.

Rebellions still run underground
between derision and shadows
between closed doors and merciless boots
aimed at the target but striking to the side.

Disoriented,
a woman traveler adrift
        chained by links engraved with childhood
          with the stream that still unweaves reeds.
I savor once again the brilliance of light
          in fireclay vessels
and revisit farewells and a host of fond memories…

Unbridled horses in pasturelands
are a fleeting glimpse of a time as irreversible
        as the waves of vagrant sea water.

Final de camino

Los senderos coinciden en la cima de la montaña,
la maraña asedia el corazón
cuartos desaparecidos en el denso hermetismo del hogar
                 devorados por el musgo y por los pájaros.

El sol turbio ya deshecho acorta sus rayos
se arrastra,
aglutina la emoliente claridad,
apariencia de leche lenitiva
con sabor a avena, a cantos matinales.

Las rebeliones se quedan encalladas
entre el escarnio y las sombras,
entre las puertas cerradas y las botas implacables
que creían dar en el blanco, cuando golpeaban al lado.

Desorientada,
viajera extraviada
        en engarces con el sello de la infancia
        del riachuelo que sigue destejiendo los juncos.
Saboreo una vez más el brillo de la luz
        en los cuencos de barro
y revivo adioses y mil variedades de nostalgias…

Los caballos desbocados en los pastizales
son una visión fugaz de un tiempo tan irreversible
        como las olas de la vagabunda agua marina.

Refusing to caress sphinxes without enigmas
I accumulate salty hours beneath my feet
praying the wait will not consume me.

Negada a acariciar esfinges sin enigmas
acumulo horas saladas bajo mis pies
orando para que la espera no me agote.

Natural Law

Improvisation
                    chaos….
the future has no defined shape
you inscribe it each day of your life
on the streets
in magnolia treetops
in glowing neon lights
in texts on your social networks.

A new script you forge every second
when you dance
you move the world,
            matrix to break monotonies
setting new lines
and undisclosed cartographies…

In the city you are crossing
                all is changing
nature is sovereign
                dethrones
turns the proud humble
                    dominates
                    halts
those who dash countercurrent in a runaway race
because the laws of nature are not fueled by tales.

Ley natural

Improvisación
    desorden...
el futuro no tiene forma asegurada
lo inscribes cada día de tu vida
en las calles
entre la copa de magnolias
en las luces de neón
en el texto de tus redes sociales.

Un nuevo libreto fraguas cada segundo
cuando danzas
mueves el mundo,
   matrix para cambiar monotonías
para fijar nuevos trazos
y cartografías inéditas...

En la ciudad que transitas
    todo cambia
la naturaleza señorea
    destrona
vuelve humildes a los orgullosos
     doblega
     detiene
a los que van a contracorriente en carrera desbocada
porque las leyes de natura no se alimentan de cuentos.

Sadness

Where have your gardens gone
my beloved city bright as a new pin?
Your perpetual spring
your streets to run down without fear
your refreshing air, your yellow flowers?

Where your rainfall of joys
the prodigious breeze
ruffling the hair of boys
with thoughts far from knives, fists and guns?

Where your daytime stars
friendly hummingbirds,
protective parents
and the beautiful madness of artists and poets?

Why ailing birds exposed to slingshots
anguished mothers on the sidewalk
offering their daughters to the highest bidder
young girls sniffing glue and gasoline
dressing up their hours with no shelter
with no parents…
with no love?

The city was wounded
and with all this life that disappeared
in broad daylight, I burst into tears
in the cathedral's atrium, facing the park.

Tristeza

¿A dónde se fueron tus jardines
mi amada tacita de plata?
¿tu eterna primavera
tus calles para correr sin miedo
el aire limpio y tus flores amarillas?

¿Dónde tu lluvia de alegrías
el viento prodigioso
desordenando el cabello de muchachos
sin mente de cuchillos, ni golpes, ni pistolas?

¿Dónde tus estrellas diurnas
los colibríes amigos,
los padres protectores
y la hermosa locura de artistas y poetas?

¿Por qué los pájaros enfermos expuestos a las hondas
madres masticando pavimento
ofreciendo sus hijas al mejor postor
niñas aspirando sacol y gasolina
engalanando sus horas sin abrigo
sin padres…
sin amor?

La ciudad estaba herida
y con toda esta vida que se fue
a plena luz del día, brotaron mis lágrimas
frente al parque, en el atrio de la catedral.

Thesis and Antithesis

For cockroaches
> use exterminator sprays
> scented so they leave no stench.

For women of languid gaze
> an overflowing glass of joy.

For dependent adult children
of incestuous mothers
> freedom running rampant
> down streets and avenues.

For the frog at the bottom of the well
> the universe as home
> a horizon with its rising stars
> light not measured in thimblefuls.

For the source of rage and fury
> placid rest
> silence that melts grudges away.

For all the dregs of the world
> a sky inhabited by justice
> a journey on the train of the
> impossible.

Tesis y antítesis

A las cucarachas
            oponer exterminadores
            perfumados para disimular la pestilencia.

A las damas de lánguido mirar
            un vaso rebosante de alegría.

A los hijos dependientes
de madres incestuosas
            la libertad en carrera desbocada
            por calles y avenidas.

A la rana del fondo del pozo
            el universo como casa
            un firmamento con todas las estrellas
            la luz que no se mide en dedales.

Al surtidor de rabias
            el sueño apacible
            el silencio que disuelve los rencores.

A toda la hez del mundo
            el cielo que habita la justicia
            un viaje en el tren de lo
            imposible.

And for the persistent falling into the abyss
an eagle of luminous wings
to safely reach the heights.

Y al continuo descenso al abismo
        un águila de alas luminosas
        para abordar con certeza las alturas.

Your Ancestral Rage

How to dilute this heavy torrent
that floods your throat and clouds your path
tosses stones at imagination
and overshadows the spring light.

How to crush this rage
                that menaces life's breath
and turn it into silken sand to caress the soles of your feet.

This rock squeezes your chest
attempts to strip away your happiness
and chop down your days' calming tree.

Immigrants are not to blame for your rage
or other ethnicities or the office worker
or your slow clumsy girlfriend
or the flight attendant
or the man at the marketplace…

Give up that fury
take it off the throne that's too big for you.

Tu ira ancestral

Cómo diluir este torrente espeso
que ahoga la garganta y nubla tu camino
lanza piedras a la imaginación
y opaca la luz primaveral.

Cómo triturar esta ira
                    que compromete el aliento
volverla arena fina que acaricie las plantas de los pies.

Esta roca oprime tu pecho
ensaya a destronarte de alegrías
y a derrumbar el árbol que serena tus días.

Los inmigrantes no son culpables de tu ira
ni las otras etnias, ni el oficinista
ni la amiga torpe y lerda
ni la asistente de vuelo
ni el hombre del supermercado…

Abandona esa cólera
sácala del trono que te queda grande.

Sacrifices

The apiary is upset
swarms of bees tracing symmetries
a burst of applause seasons the pain…
                    Displaced
                    wars
                    massacres
                    pandemics
                    natural catastrophes
deaths at the wrong place, at the wrong time
despair has shattered my intentions
and sadness can no longer fit in our hearts.

Good and evil in swordsmen's sterile battle
music no longer a solace
helplessness spread like dew over the grass
and the sun quietly fades.

Distant cities linked by ancient rancor
                         by threats and revenge
endlessly suspended in dementia…

We must back the pact we signed and sealed
offer up the non-being of our being
as the largest cask of sacrifice
and a ludic constellation will lighten our blood
with the fertile miracle of peace
enlivening another's skin to understand it.

Sacrificios

Se agita el colmenar
las abejas recorren simetrías
los aplausos sazonan el dolor…
                    Desplazados
                    guerras
                    masacres
                    pandemias
                    catástrofes naturales
muertes en tiempo y lugar equivocados
la desesperanza vuelve añicos los planes
y la tristeza ya no cabe en el pecho.

Bien y mal en estéril batalla de lanceros
la música dejó de ser el gran alivio
el desamparo cunde como rocío en el pasto
y calla el sol.

Ciudades lejanas unidas por rencores antiguos
                  por venganzas y amenazas
inconclusa suspensión en la demencia…

Refrendemos el pacto que sellamos
ofrendemos el no-ser de nuestro ser
como el más grande tonel de sacrificio
y que una constelación lúdica alumbre la sangre
con el fértil milagro de la paz
animando otra piel que sí la entienda.

Dreams in Flight

Like fireflies we drink up the moon
along paved crooked streets
dreaming of virgin beaches
and inebriated sunrises with clearer light…

We miss the fountain's song
the dense planting
and a bonfire to scare off tigers.

The forests of exultant chlorophyll
no longer sustain the flight of birds
exiled from the daily solace of landscape
from wind songs streaming through branches.

We're left with high fever on the planet
nostalgia for greenery,
dreams in flight
and concrete labyrinths
like a swarm of voracious ants
                              devouring the jungle…

Sueños en fuga

Como luciérnagas nos bebemos la luna
por avenidas de asfalto retorcidas
soñamos con playas vírgenes
con amaneceres ebrios y una luz más cierta...

Añoramos el canto de la fuente
la espesa siembra
y una fogata para ahuyentar el tigre.

Los bosques de clorofila alborozada
ya no sostienen el vuelo de las aves
exiliados del solaz diurno del paisaje
de la canción del viento entre las ramas.

Nos queda la fiebre del planeta
la nostalgia del verde,
los sueños en fuga
los laberintos de concreto
como su hervidero de hormigas voraces
                            que devora la selva...

Curfew

It's time for the forced seclusion
we're heading home
the hitmen of conscience awaken
fire their arrows and
drive us into transitory death…

By decree sleep covers the city
a few still await the metro
reading the paper
traveling in terror of militia packs
of death squads
imagining a moment of happiness
when just being alive won't be a risk.

Toque de queda

Es la hora del encierro obligado
vamos a casa
despiertan los sicarios de la conciencia
disparan sus flechas
y nos obligan a la muerte transitoria…

Galopa el sueño decretado en la ciudad
todavía algunos esperan el metro
leen el diario
viajan con terror del fardo miliciano
de los escuadrones de la muerte
imaginando un momento de felicidad
cuando no sea un riesgo estar vivos.

Arriving Is Not Returning

Arriving is not returning,
it's impossible to retrace your steps…

In the flight paths of autumn leaves
we seek our right-sized heaven
a blinding light
a protective shield from others' insanity.

Youths dying with their astonishment untouched
and their smile mummified in a morgue
where their dreams freeze.

Where redemption from the hideous mob
                        that throws us over the cliff,
a lightkeeper who reveals the point of no return,
                        the secret to fend off Sisyphus?

Llegar no es regresar

Llegar no es regresar,
imposible volver a lo ya andado...

Entre el vuelo de hojas otoñales
acechamos un firmamento a la medida
una luz que nos deje ciegos
la coraza protectora de la locura ajena.

La juventud muere con el asombro intacto
se momifica su sonrisa
y en una morgue se congelan sus sueños.

Dónde la salvación de la horda macabra
                    que nos lanza al precipicio
un vigía que revele el punto del imposible retroceso
                    el secreto para conjurar a Sísifo.

Incurable

The house, the childhood home
is desire that cannot be sated
nostalgia that has no cure
dream that doesn't end
and pain that cannot mature.

Incurable

La casa, el hogar de la infancia
es deseo que no se sacia
nostalgia que no se cura
sueño que no termina
y dolor que no madura.

Rescue

Your knot of reminiscences unravels
you are alive in this radiant summer
a glorious sun shines on your spaces
lover of the tropics to promenade your song.

Rescued from the hell in which you're stuck
you preserve your avian mission
and the wings grown on you
in days exposed to the elements.

Return and start flying again
and from this compressor of fury and memories
that gnawed the hidden corners of your soul
arises the rope that saves you
and you let yourself be inhabited by hope.

Rescate

Se desata tu nudo de nostalgias
estás viva en este resplandor de verano
un sol brilla entero en tus espacios
dueña del trópico para pasear tu canto.

Rescatada del infierno en que te atascas
salvas tu vocación de ave
y las alas que te crecieron
en los días a la intemperie.

Vuelves a ejercitar el vuelo
y de este compresor de rabias y recuerdos
que mordía los resquicios de tu alma
nace la cuerda que te salva
y te dejas poblar por la esperanza.

Return to the Seed

For the hurricane that ravages the virgin forest
the ozone layers that escape
                              to distant solitude
the extraterrestrials who have never visited my world
the usurers of water, oxygen, and heat
the manipulators of destinies
the freedom that is ever less mine
the peace that criminals steal from us
the black holes threatening us
for all that tortures me, I keep silent…
…………………………………..

I shall begin my return to the seed.

Volver a la simiente

Por el huracán que viola la selva virgen
por las capas de oxígeno que se escapan
                    a la más lejana soledad
por los extraterrestres que nunca han visitado mi mundo
por todos los usureros del agua, del aire y del calor
por los manipuladores de destinos
por la libertad que día a día es menos mía
por la paz que los bandidos nos roban
por los agujeros negros que amenazan
por todo lo que callo y me tortura…
…………………………………..

voy a emprender mi regreso a la simiente.

This Place

This place is a labyrinth of zombies,
lights reflect fictitious victories
the monument seems a faint flute sound
no mountain protection embraces us
the drum no longer calls
nor does the river with its lively song.

They built fences and walls…
ignoring the bridge to joy…

Night surrounds free will
with rushing hands of a spinner
we break down closed doors
and a harp sings the water melody.

We come to the council
where we believe the universe is mended
but find only remnants of people
showing partial spheres
fighting with their own shadows.

Este lugar

Este lugar es un laberinto de zombis,
las luces propagan falsas conquistas
el monumento es sonido de flauta adelgazado
ninguna montaña, ni su protección abrazan
el tambor ya no convoca
ni el río vitaliza con su canto.

Construir muros y vallas...
desconocen el puente a la alegría...

Con manos de hilandera presurosa
la noche circunda el libre albedrío
forzamos puertas cerradas
y un arpa canta la melodía del agua.

Llegamos al concilio
donde creemos que se arregla todo
y solo retazos de personas hallamos
exhibiendo mundos incompletos
luchando con sus propias sombras.

As Below, So Above

As below, so above, said Hermes Trismegistus

Above, metallic crocodiles
      invaders of the skies
      poisoning ozone layers with their toxic waste.
Below, cars usurping the earth
stealing our space
transparency
and air
swallowing life with their carbon monoxide veil
a quite unusual graveyard
they entangle us with their reckless crawl
      and dangerous tails.

Here is the actual crocodile
patiently taking a nap
hounded by hunger
he will gobble down the whiteness of the swan
that naively came to share the waters.

As above, so below.

Como es abajo es arriba

Como es abajo es arriba, dijo Hermes Trismegisto

Arriba cocodrilos metálicos
    invasores del cielo
    envenenando con sus desechos las capas de ozono.
Abajo los coches usurpando la tierra
robando el espacio
el aire
la luz
engullen la vida en su manto monóxido de carbono
un cementerio poco usual
y en su lerdo caminar,
    la peligrosa cauda nos enreda.

El verdadero cocodrilo está aquí
pacientemente duerme su siesta
acosado por el hambre
devorará la blancura del cisne
que inocente ha venido a compartir sus aguas…

Como es arriba es abajo.

My Guests

If only I could catch this split second
of quivers and jingling nerves
this commotion that clouds my senses
and runs through my skin.

My blood is taken over by prophet revenants
Deborah, Miriam, Abigail, Sarah
I am now, no one dare challenge me,
the voice of one of them.
....
I wish to be a powerful route
where light slowly moves
comforting the defeated
in my little cosmos.

Reconciling unleashed winds
I pass through undergrounds
and the sun comes from afar
to beat the snow once again.

Wailing sirens disrupt my plans
I hear diverse tongues, savor sorrows
and lie sprawled out shaking over the land
before falling into the space
where my wanderlust will perish.

Mis huéspedes

Si pudiera atrapar este momento
de escalofrío y tintinear de nervios
esta sensación que nubla mis sentidos
y trajina confines de mi piel.

Mi sangre es ocupada por espíritus proféticos
Deborah, Miriam, Abigail y Sarah
soy en este momento, y nadie me discuta,
la voz de una de ellas.
....
Quisiera ser un poderoso cauce
donde corra lenta la luz
que consuela los vencidos
de mi pequeño cosmos.

Mediadora del viento sin cordajes
penetro subterráneos
el sol viene de lejos
otro año que vencerá a la nieve.

Un llanto de sirenas trastoca mis planes
oigo lenguas diversas, saboreo tristezas
y me extiendo en la tierra en la que tiemblo
antes de caer en el espacio
donde sucumbe mi nomadería.

I'm Leaving

It's no game…
My poem was shredded with blows
                              bombs and guns
anger's knife wounded my word
with your whimsical mania of ruling
with your criticism that gets on my nerves
masking my certainties
and killing my landscapes…

It's no game…
I eat lunch pierced by the dagger of terror
torn by caged birds' songs
                              longing for infinite horizons
without norms, musts, and shoulds…

No more news embittering my meals
or mandatory sleep at ten at night
no more streets plagued by fear
or green traffic lights
for auctioneers of values
in the globalized common market.

Me voy

No es ningún juego…
Es que laceraron mi poema con golpes
                          bombas y fusiles
el cuchillo de la ira hirió mi palabra
con tu caprichosa manía de gobernar
con la crítica que enferma mis nervios
enmascaras mis certezas
engulles mis paisajes...

No es ningún juego
Es que almuerzo transida con la daga del terror
desgarrada por el canto de las aves en jaulas
                          añorando horizontes infinitos
sin normas, ni debes, ni tienes...

No más noticias amargas en mi mesa
ni el sueño obligado de las diez de la noche
no más calles plagadas por el miedo
ni más semáforos en verde
para la subasta de valores
en un mercado común globalizado.

I'm grabbing my things
    and taking leave
    far from the string of reproaches
from the "big brother's eye" imagined by Orwell
in undiscovered fields I will plant
lilies with irises and roses

next to oregano and basil
no jackhammers to ruin my meals
no newspapers with horrible headlines.

I risk losing my way in this new journey
and with baggage of intangible belongings
I'll return to the river that guides my existence.

Tomo mis bártulos,
        y me voy
        lejos de la sarta de reproches
del ojo del "big brother" imaginado por Orwell
plantaré en predios invisibles
azucenas con rosas y con lirios

al lado del orégano y la albahaca
sin taladros que indigesten mis comidas
sin los horribles titulares de los diarios.

Corro el riesgo de extraviarme es este nuevo viaje
y con mi equipaje de prendas impalpables
vuelvo al río que rige mi existencia.

Weariness

Let's raise our hearts to joy
each day we are left without miraculous words
for removing this blindfold from our eyes
with no remedy to heal our wounds.

Crows' voices screech in the temple towers
we have never seen the face of peace…
we knock on doors, we beat on walls…

No response!

Dead bodies are covering the streets
and hecatomb escalates on the blue planet.
Four or five count their profits.

Their fortune is made from red blood cells
worker fatigue and peasant sweat
the desolate beggars staring
and frightened children crying.

Their fortune is made from the lack of schools
crumbling hospitals
overcrowded graveyards
and from street corner youths
          awaiting the final roulette of sacrifice.

Hastío

Icemos el pecho a la alegría
el mundo nos deja cada día sin palabras milagrosas
que aparten esta venda de los ojos
sin remedio que cure las heridas.

Voces de cuervos gritan en las torres de los templos
nunca hemos visto el rostro de la paz...
tocamos puertas, golpeamos murallas...

¡No hay respuesta!

Ruedan los muertos en las calles
y los sacrificios crecen en el planeta azul.
Cuatro o cinco cuentan sus ganancias.

Su riqueza se hace de glóbulos rojos
de sudor de campesinos y cansancio de obreros
del desolado mirar de los mendigos
del llanto de niños asustados.

Su riqueza se hace de la ausencia de escuelas
del temblor de hospitales
de cementerios superpoblados
de jóvenes que en una esquina esperan
        la ruleta final del sacrificio.

Off balance here we are with a frozen look
unable to leap from the map to the route.

Where is the key to definitive peace…
birds fly disoriented
and the weariness of violence slowly rains inside.

Sin balance aquí estamos con la mirada extraviada
sin poder saltar del mapa a la ruta.

Dónde la clave de la paz definitiva…
las aves vuelan desorientadas
y el hastío de la violencia llueve lento.

Transmutation

The stone woman
has dangerous edges
scars left by winds and storms
she's been robbed of her peace
her touch bears the cold of the tundra
and her hollows the longing for fire.

Her head rattles like Caribbean maracas
reviving the dead she believed long forgotten.
With tags she labels each thing
to control unforeseen absences
she protects her daily routine
and enjoys her sad solitude.

The stone woman transforms herself
unearths her lover
dances in possession of freedom
carrying a box of surprises
loses her ruffles and laces
she travels the scale of caressing music
the orchards of tenderness
as intense as her calling for life
and the wall built with rocks of fear and silence
crashes down forever.

Transmutación

La mujer de piedra
tiene aristas peligrosas
cicatrices del viento y las tormentas
le han robado la paz
tiene el frío del páramo en su tacto
y en sus oquedades, la nostalgia del fuego.

Su cabeza zumba como maraca caribeña
reviviendo muertos que creía olvidados.
Marca con etiquetas cada cosa
para controlar ausencias imprevistas
protege su vida rutinaria
y goza su triste soledad.

La mujer de piedra se transmuta
desentierra a su amante
danza en libertad
lleva en sus manos un cofre de sorpresas
pierde sus moños y adornos
transita la escala del aire acariciante
los huertos de ternura
espesos como su vocación de vida
y derrumba por siempre la muralla
construida con rocas de miedo y silencio.

Rose Seller

Bar to bar the girl comes and goes
selling wilted roses
dreaming of finding on her way tonight
an ice cream cone of compassionate words
and a beam of light, even Bengals
to brighten her intimate chambers.

With voracious urgency she seeks
the warm embrace of any lost passerby
whatever channel to drain her anger.

In return she will give you
all the roses she carries in her basket.

Vendedora de rosas

De bar en bar la niña va y viene
vendiendo rosas ya marchitas
soñando conseguir en su avenida
un helado de palabras compasivas
o un haz de luces, aunque sean de Bengala
para aclarar sus cuartos interiores.

Con urgencia voraz solicita
el abrazo de cualquier extraviado
un surco que desagüe su ira.

A cambio te dará
todas rosas que guarda en su cesta.

Day of Celebration

Women recover their calm
(actually, never lost)
     their place on earth
and once again, their cold home is warmed up.

One day long ago they doused the fire
and with their relatives went to the shelter
for safety.

Repeating the thousand-year story
they are experts grappling with adverse forces
another cycle has ended
for now dialogue is more powerful than war.

I feel this celebration day flowing through my blood
I wish it would never end!

Today, they'll not be guinea pigs
for testing weapon efficiency
and increasing profits in the markets.

Tonight, they will sleep in peace
so says my poem
as does the outburst of joy
that my heart senses
for one more day of life in freedom
and the lucky card tossed by chance.

Día de fiesta

Las mujeres recuperan su calma
(en realidad nunca perdida)
                su lugar en la tierra
otra vez, calientan su hogar frío.

Un día ya lejano apagaron la lumbre
con sus parientes marcharon al refugio
para ponerse a salvo.

Se repite la historia de miles de años
ya saben lidiar con esas fuerzas
otro círculo se cierra
hoy el diálogo es más poderoso que la guerra.

Este día de fiesta lo siento correr entre mi sangre
¡no quiero que termine!

Hoy no serán conejillos de indias
donde las armas prueban su eficacia
y aumentan la ganancia en los mercados.

Esta noche dormirán tranquilos
lo dice mi poema
y la explosión de alegría
que mi corazón siente
por un día más de vida y libertad
y la carta de la suerte que lanzó el azar.

Collage

The river reveals dark intentions
instants of rapture with masks of eternity
like time and water, the world changes.

In the elusive present
          I beat down every obstacle
cut the wind and inhale the air
I go back and forth among forests and highways
marked by train stations
and the boarding of fellow passengers
in relentless flight.

The boots of the powerful suit others' feet
doctors have no universal panacea
and spiritual leaders ignore the path to the realm of peace.

Rioting men from the past come to my door
look to the balcony
it's party time,
but fresh olives are mixed with spoiled food
in the complicit poison of night
and danger patient like a river
discloses its tenebrous designs.

Collage

El río despeja oscuros designios
instantes de dicha con caretas de eternidad,
como el tiempo y el agua cambia el mundo.

En presente esquivo
              desdigo todo obstáculo
corto el viento y aspiro el aire
me debato entre selvas y autopistas
marcadas por la parada de los trenes
por el ascenso de nuevos pasajeros
en permanente huida.

Las botas del poder van atadas a otros cuerpos
los médicos no tienen la panacea universal
ni los religiosos conducen al hogar de la paz.

A la puerta llegan hombres de otros días
miran al balcón amotinados
es hora de la fiesta,
las olivas frescas con alimentos vinagres se confunden
veneno cómplice de la noche
y el peligro paciente como el río
descubre sus tenebrosos designios.

You Are in a Labyrinth

You are in a labyrinth
refusing to come out
you became familiar with its hidden corners
and trapped in its evergreen monotony you wander.

You are used to its spaces
and never changing the scenery
you run through the same patterns day after day
symmetrizing your life.

For once, leave the labyrinth
you built with such diligence
labyrinths have their exits, you know
your lake connects to a great river
the river joins its mother at the sea
and in labyrinthine circularity
is engraved the trace
of the great infinity forever calling you.

Estás en un laberinto

Estás en un laberinto
y no quieres salir
te has acostumbrado a sus recovecos
y atrapado vagas por su monotonía vegetal.

Te has acostumbrado a sus espacios
y sin cambiar tu paisaje
recorres las mismas geometrías todos los días
y simetrizas tu vida.

Por una vez, sal del laberinto
que con tanto esmero has construido
el laberinto también tiene salidas
tu lago se conecta a un gran río
el río tiene su madre en el océano
y en la circularidad
está inscrita la huella
de gran infinito que te llama.

Warning

Crowned by the sun the spike is born
fresh grass, dampened pasture
and in the mud the flower triumphs again.

Broken by the edge of waiting
comes a true letter on the fly
from a hand furbished in the dark.

Light does not deceive
          in the thickness of night
for the pool of red water was not blood
and the bombshell placed
on the clear map of my America
                              did not explode.

Death will forever silence
                    the clown in black overalls
stop his pointed shoes
so he can no longer climb walls…

We awaken
and life goes on along uncharted routes.

Premonitoria

Coronada de sol nace la espiga
hierba fresca es pasto humedecido
y en el fango otra vez triunfa la flor.

Partida con el filo de la espera
viene volando una carta veraz
de mano que se pule en la tiniebla.

Luz que no miente
        en la espesura de la noche
la piscina de agua roja no era de sangre
y la bomba plantada
sobre el mapa claro de mi América
                no explotaba.

La muerte silenciará para siempre
        al payaso de mameluco negro
detendrá sus zapatos puntiagudos
ya no trepará más las paredes…

Despertamos
y la vida continúa por rutas sin trazar.

Phases

I

Poems hang from seagull wings
from the summer sun's luminous paintings
from old houses' enchanted gardens
ever robed in unseen fashion and color.

II

Poems fall into the freezer
inspiration wanes
and the quotidian again
tames the lines of flight
in a face-to-face with the elements.

I fly to the pine wood
journey to the onion's layers
and the texture of ripe fruit.

Fases

I

Los poemas cuelgan de alas de gaviotas
de pinturas luminosas del sol veraniego
de casas viejas con jardines encantados
vestidos de corte y color desconocidos.

II

Los poemas caen al congelador
la inspiración tempera
y vuelve el tiempo cotidiano
domestica las líneas de fuga
cara a cara con los cuatro elementos.

Vuelo a la madera del pino
viajo a las capas de la cebolla
y la textura del fruto maduro.

III

One day the poem comes back
like an ancestral stone
burning live flesh
and an old man rises from his wheelchair…

How difficult to shine the wood
polishing the raw stone
until it becomes a diamond
and clears a path for lightness
            that comes to take its rightful place.

III

Un día el poema vuelve
como piedra ancestral quema
dolor en carne viva
un anciano se levanta de su silla de ruedas...

Qué difícil dar brillo a la madera
pulir la piedra bruta
convertirla en diamante
y abrirle paso a la levedad
          que toma puesto.

With a Guitar

Listening to Heitor Villa-Lobos and Alirio Díaz

With a guitar, pen and paper
you can see the stars in broad midday
a mind that feels and a heart that thinks
fill a verse with perfect harmony
lips that sing of joy
can catch heaven within a crystal…

Welcome, Villa-Lobos and Díaz
you lead me from the original chaos
to the suffering of my people
who sleep an endless dream
    burdened with their failures
to my homeland's broken armors
to the bones of my dead.

The blood has dried, but rage is alive
and the subconscious desire for justice
cleansed my land
    of those unwanted
a powerful image of separation
my grieving words capture today
    in solitude.

Con una guitarra

Escuchando a Heitor Villa-Lobos y Alirio Díaz

Con una guitarra, lápiz y papel
se pueden ver las estrellas a pleno medio día
con una cabeza que siente y un corazón que piensa
se puede llenar un verso de armonía
con unos labios que canten la alegría
se puede atrapar el cielo en un cristal...

Bienvenidos Villa-Lobos y Díaz
me llevan del caos primigenio
al dolor de mi pueblo
que duerme un largo sueño
                cargado de fracasos
a mi tierra de corazas partidas
a los huesos de mis muertos.

Se secó la sangre, pero sobrevivió la ira
y el deseo de justicia subterráneo
sacudió mi tierra
                de lo que no quería
imagen poderosa del destierro
que mi lápiz dolorido hoy captura
                en soledad.

Woman Lost

My illusions are wounded.
Fog covers the city
hope is gone now
sorrow awakens
surrender comes,
love is muzzled.

Butterflies descend to the earth
foretelling the tumble
and inevitable,
shameful fall.

All is overturned
and right now… what to do?
roll around on the grass…
shout into the sea
climb up on a rock and weeps...

Once again, lost!

Perdida

Hieren mis ilusiones.
Cae la niebla sobre la ciudad
se extingue la esperanza,
despierta el dolor,
llega la renuncia,
amordazan el amor.

En la tierra se posan mariposas
vaticinan el derrumbe,
la caída inexorable,
y vergonzosa.

Todo se trastorna,
y ahora... ¿qué hacer?
revolcarnos en la hierba...
gritar en el mar...
subir a una roca y llorar...

¡Otra vez perdida!

Date

A date is just a stop along your way
a passing signpost
            to the driving frenzy for foreign lands.

Your winged heart
can no longer endure the routine
you loosen its chains
and the mature fruit of freedom prevails.

Evoking the music of your savored pleasure
any country is fine
for happiness is an instant
        an unfinished cartography
                        forever in flight.

A promise
never fully satisfied.

Cita

Una cita es solo un alto en tu camino
una pista de paso
            al frenesí que impulsa a predios extranjeros.

Tu corazón alado
ya no puede más con la rutina
sueltas las cadenas
y el fruto maduro de la libertad se impone.

Resuena la música del placer saboreado
y te da igual cualquier país
porque la dicha es un instante
            una cartografía siempre inconclusa
                        siempre en fuga.

Una promesa
que nunca se cumple cabalmente.

Wakening

Children left on the streets
mothers dead
aging men
consumed by the cancer of oblivion.

Distant, the dwelling of hope
for you, little girl
no milk
no tenderness
no kindliness.

You climb down the mountain beneath a burning sun
and lifting your skirt
expose yourself to radiance
longing to offer the day your final breaths...

The din of a war truck

                      interrupts your sacrifice.

Despertar

Niños abandonados en las calles
madres muertas
hombres envejecidos
comidos por el cáncer del olvido.

Lejos, la casa de la esperanza
para tu pequeñez de niña
ni leche
ni ternura
ni bondad…

Desciendes la cordillera bajo un sol ardiente
te levantas la falda
te expones a la luz
y quieres ofrendar al día tus estertores…

Un ruido estridente de un camión de guerra
                    interrumpe tu sacrificio.

Crystal Clear Light

When the most ferocious animal chases me
I am petrified with terror
breathless and speechless ...

I light up in flames
lit by sparks of my own fear
I electrify the chair where I sit
becoming a luminous being
and the singing fire dances as it leaves
with that distinct smell of crystal clear light.

Luz clarita

Cuando el animal más feroz me persigue
el susto me petrifica,
me deja sin habla y sin aliento…

Me enciendo en llamas
iluminada por las chispas de mi propio miedo
electrizo la silla en que me siento
me convierto en ser de luz
y el sonido del fuego se retuerce al salir
y tiene aroma a luz clarita.

Vision in a Violin Concert

In your angelical violin
the innocent man goes by singing
hurt in a battle
from that past shameful century.

Here, he is displaying your intentions
the source of your harmonic music.

You fought in that useless war
and drew the design of your present…
Your journey is grievous…!

Some day you will regain your steps
your ancient melodies
and jump on the lawn with no remorse
far from the captivity lying in wait for you
with long legs agile as wings.

Yes, that is exactly what you need
your two wings.

Visión en concierto de violín

En tu violín angelical
cantando pasa el inocente
herido en una batalla
de aquel pasado siglo vergonzoso.

Aquí, para exhibir tus intenciones
la zona donde armonizan tus acordes.

Peleaste en esa guerra inútil
y diseñaste tu presente...
¡Penoso es tu viaje...!

Un día recobrarás tu andar
tus antiguas melodías
y podrás saltar libre de culpa por la grama
escaparás de las prisiones que te acechan
con piernas largas y ágiles como alas.

Sí, eso es lo que precisas
tus dos alas.

An Island

You are an island in stormy waters
keep yourself afloat
and let no worldly dregs touch you
sail like a vessel loaded with illusions
air out your spaces
and light a fire
to scare away the insects.

Let the flames consume your tongue
and your peacock flee from the center
with the flight of your desires
reflection of yourself
prodigious lens onto the universe.

You are a floating palace,
hanging like the moon from invisible strings
enjoy right from there
                without motion sickness
all the colors flourishing in your heart.

Una isla

Eres una isla en aguas turbulentas
mantente a flote
que no te toque toda la hez del mundo
navega cual velero cargado de ilusiones
airea tus espacios
enciende el fuego
y ahuyenta los insectos.

Que las llamas consuman tu lengua
que tu pavo real huya del centro
en vuelo, tus deseos,
espejo en que te mires
prodigioso lente hacia el universo.

Eres un palacio flotante,
pendes como luna de cuerdas invisibles
saborea desde allí
                    sin mal de altura
los colores que en tu centro reverdecen.

Having More Is the Goal

My world is overrun by the power-hungry
with clenched hands
furrowed brows
kicking legs
gun-bearing arms
frozen faces
mouths like Marcel Marceau mimes
wide-open eyes that look but fail to see
with unquenchable thirst for power
to amass,
and possess
      more
            and more…

Tener más es la meta

Mi mundo está invadido de hambrientos de poder
con manos apretadas
frentes arrugadas
piernas que se agitan
brazos armados
rostros sin sorpresas
bocas como los mimos de Marcel Marceau
ojos desorbitados que miran y no ven
con un afán insaciable de poder
de acumular,
de poseer
     más
         y más…

Return to Traces

Don't say words
or make gestures
for you'll lose your balance
one day, a Thursday, perhaps a Monday
you will find traces left
on the daily objects in your life.

A story rests upon that glass
where you drink your early morning tea
as you pass restless through internal rooms.

On the doorknob the hand still trembles
of the old woman who died in the asylum
calling for her grandson to bring crackers.

On the floor the footprints of nocturnal cats
a forest of pine trees
and the hand of sawdust planing wood
and engraving in your soul legends you now read
on the quiet edge of night.

Volver a las huellas

No digas palabras
no hagas gestos
perderás el fiel de la balanza
un día, ya sea jueves, ya sea lunes
encontrarás las huellas detenidas
en los objetos cotidianos de tu vida.

Una historia duerme en ese vaso
donde bebes tu té en la madrugada
cuando insomne vas por cuartos interiores.

En la manija de la puerta aún tiembla la mano
de la anciana que murió en el psiquiátrico
llamando al nieto para que le diera galleticas.

Por el piso las pistas de los gatos nocturnos
un bosque de pinos
y la mano de aserrín cepillando maderas
y lustrando en tu pecho leyendas que ahora lees
en el filo callado de la noche.

Cosmic

At the speed of my destiny
amidst furious lights
and cosmic monsters
I create ingravid suns
         come close to me
before a black hole
swallows every hope.

A dragon spies with open maws
the old Milky Way abrades my life
and turns me into a luminous star.

Other will be my universe.

By gravity we are joined
        mixed
        thrown
        and separated…

Cósmica

A la velocidad de mi destino
entre luces furiosas
y monstruos cósmicos
invento soles ingrávidos
   acércate
antes que un agujero negro
engulla toda esperanza.

Un dragón acecha con las fauces abiertas
la vieja Vía Láctea usa mi vida
y me convertirá en estrella luminosa.

Otro será mi universo.

La gravedad nos une
   nos mezcla
   nos lanza
   nos separa…

My powerful being radiates
a map of another world
I fill hollows
undergo galactic collisions
and titanic clashes
my body's city is no longer the same
another direction in my streets
          other marks embedded in my skin
and possessed by vanished stars
I give birth to new forces of life.

Mi yo poderoso emana
un mapa de otro mundo
pleno los vacíos
vivo colisiones galácticas,
choques titánicos
la ciudad de mi cuerpo ya no es la misma
otra dirección tienen mis calles
      otras marcas tiene mi piel
habitada por estrellas apagadas
a nuevas formas de vida doy a luz.

Something More Useful

I'd want to be someone more useful in the world
like a heroine or a saint,
but all I have is a screen and a keyboard
my pencil's graphite and the patient blank page
a faraway mind always in ecstasy
and a flicker of overflowing dreams of peace and liberty.

With my minimal arsenal I go silent
the battles of new war plans besiege me
I seek the truth within my madness
faithful to my inexistent position
in a world that never has been mine.

Algo más útil

Hubiera querido ser alguien más útil en el mundo
una heroína o una santa, por ejemplo,
pero sólo cuento con la pantalla y un teclado
o el grafito de mi lápiz y la paciencia del papel en blanco
una cabeza distante siempre en éxtasis
y un titilar de deseos de libertad y paz que me desborda.

Con mi exiguo arsenal paso en silencio
las batallas de nuevos planes bélicos me asedian
busco la verdad en mi locura
fiel al puesto inexistente
en un mundo que jamás ha sido mío.

Painting

After viewing paintings by Ellen Day Hale

You depict yourself without womanly looks
or any girlish flirtation
coquettishness is absent in you,

still, your sky shines cloudless
                          carved with your vision of colors
and luminous flowers.

Though you leave behind a landscape dripping despair
                               shattered dreams
                    and worlds you failed to grasp
who could deny that your very self is there.

Pintura

Después de ver pinturas de Ellen Day Hale

Sin ningún atributo emblemático te presentas
sin ningún flirteo femenino
y aunque de ti esté ausente la coquetería

tu cielo luce limpio
                    poblado de sueños de colores
y de flores luminosas.

Aunque atrás dejes un paisaje que gotea tristeza
                                y sueños truncos
                      y mundos que no pudiste asir
quién podría negar que allí estás tú.

Driving the Train of Existence

You brag about driving the train of existence
of holding the key
and knowing every motor part
but if you lose control when you start it up
fail to find the gear shift
and can't locate the brakes
you'll kill yourself and all your passengers.

If at last someone saves you
shows a red card to penalize your folly
the police will arrive
appraise the damages you didn't even notice
crashed vehicles
the passenger bus you ran into
gravely injured people
those jobless poor near death…

You will know fear!

You will be charged with destroying others' property
and overdue debts impossible to pay…
and with your license suspended
they'll arrest you.
Then will you understand
you are incapable of driving the train of existence.

El tren de la existencia

Te jactas de conducir el tren de la existencia
de poseer la llave
de conocer toda su maquinaria
mas si al ponerlo en marcha pierdes el control
no hallas la palanca de cambios
ni encuentras los frenos
te destruirás con todos tus pasajeros.

Si al fin alguien te rescata
con una tarjeta roja disciplinará tus desatinos
llegará la policía
pesarán los daños que ignorabas
los coches chocados
el atropello al autobús de pasajeros
las personas que dejaste mal heridas
los pobres moribundos sin trabajo…

¡Tendrás miedo!

Te acusarán de destruir la propiedad ajena
y de deudas fallidas imposibles de saldar…
te suspenderán la licencia
te detendrán.
Entonces comprenderás
que eres incapaz de conducir el tren de la existencia.

Last Inhabitable City

Solidarity will be the sole step
to the last inhabitable city.

Awakened by a pilgrim
you'll find you lost your jewelry
your shoes and fancy clothes
but your virtues are still intact
and in another stone age,
a greater treasure you'll unveil.

Let's keep walking to the grand celebration
dance to the new dawn
sit in our spaces…
who cares if the stingy ones get mad
let's sit enemies and friends
                we all fit in this place
let's share the table of life
        always set for all.

Última ciudad habitable

La solidaridad será la única escala
hacia la última ciudad habitable.

Un peregrino te despertará
sentirás que perdiste tus joyas
tus zapatos y los vestidos de lujo,
pero tus virtudes quedarán intactas
y bajo otra edad de piedra,
un tesoro mayor descubrirás.

Sigamos caminando a la gran fiesta
bailemos el nuevo amanecer
ocupemos nuestro espacio…
qué importa si se enojan los mezquinos
sentémonos, amigos y enemigos
                aquí todos cabemos,
compartamos la mesa de la vida
        siempre servida para todos.

Bird of Ill Omen

It's not my role to be the bird of ill omen
but how can I ignore what the Earth is screaming
with all its body's tongues.

The Pied Pipers of Hamelin
throw us into the ravine
loyal to their rapacious gods.

We are heading for catastrophe
so scream my nightmares
so portend the stars
so announce TV newscasts
and so alert gloomy voices.

We are heading for catastrophe
an undeciphered progression tells me
the illogical logic of the powerful
and misery streams from this boundless greed.

We're walking toward catastrophe
to the breach between word and truth
word and goodness
and word and beauty.

Catastrophe we thought intended for others
not for us.

Ave de mal agüero

No es mi función ser ave de mal agüero
pero cómo callar lo que la tierra grita
con todas las lenguas de su cuerpo.

Los flautistas de Hamelin
al abismo nos lanzan
fieles a sus dioses codiciosos.

Vamos hacia la catástrofe
lo gritan mis pesadillas
lo anuncian las estrellas
lo dicen las noticias de la tele
lo advierten voces tenebrosas.

Vamos hacia la catástrofe
me lo dice una progresión desconocida
la ilógica lógica de los poderosos
esta avaricia sin orillas que deja serpentinas de miseria.

Marchamos hacia la catástrofe
a la brecha entre palabra y verdad
entre palabra y bondad
entre palabra y belleza.

Catástrofe que creíamos diseñada para otros
que no éramos nosotros.

My Truth

My truth without UN diplomacy
far from ruling tyrants' despotism
and from Cartesian proven logic
full of ambiguities and surprises
lacking in absolutes but abounding in relatives.

Mine is the truth of
each one and everyone
for as the philosopher would say:
"all concepts are good provided they are sincere"

but here's the problem:

Are they sincere?

Mi verdad

Mi verdad sin diplomacias de la ONU
sin el despotismo de los tiranos de turno
sin la lógica a prueba de Descartes
llena de ambigüedades y sorpresas
con carencia de absolutos y lluvias de relativos.

Mi verdad es la de cada uno,
la de todos
porque como decía el filósofo
"todos los conceptos son buenos si son sinceros"

pero he ahí el problema:

¿Son sinceros?

Turbulence

New turbulence
a volcano erupts
fire threatens
death defies us.

Wars break out!

We atone for others' failings
hotels topple over
murderers drop anchors
we die a slow death.

We lost the key to our home
greed cast us out into the open
an unseen beam of light flees
and the kingdom of darkness reins freely
    among rulers and the powerful.

Shortsighted, they fail to discern in their blueprint
        the script for our ruin.

Turbulencia

Nueva turbulencia
erupta un volcán
amenaza el fuego
nos desafía la muerte.

¡Estallan guerras!

Pagamos culpas ajenas
se desploman hoteles
sueltan sus anclas los asesinos
morimos de muerte lenta.

Perdimos la llave del hogar
la avaricia nos lanza a la intemperie
huye la luz inédita
reina la oscuridad a sus anchas
    entre mandatarios y políticos.

Cortos de visión no pueden discernir en su diseño
                el libreto de nuestra destrucción.

Dreaming Is Free

Listen to the market women
the displaced walking exhausted
the revolutionaries arriving from
    all corners of the planet.

The people will take over the reins of affairs.
New age!
Perpetrators will perish on their own guillotines.
In the open air we will saunter
enjoying the breeze of new times.

Dreaming is free!

An early troop withdrawal will be declared
a fair government for all
with wide-open eyes to see
all the inhabitants of the earth.

We'll join the kids in ring-around-the-rosy
inaugurate the wisdom plaza
and raise full hope in our hearts.

Soñar es gratis

Escuchen a las vendedoras del mercado
los desplazados que marchan agotados
los revolucionarios que vendrán
   de todos los flancos del planeta.

El pueblo tomará las riendas del asunto.
¡Nueva edad!
Perecerán los verdugos en sus propias guillotinas.
Al aire libre pasearemos
gozando la brisa de los nuevos tiempos.

¡Soñar es gratis!

Decretarán un retiro adelantado de las tropas
un gobierno justo para todos
con ojos abiertos para ver
a todos los habitantes de la tierra.

Jugaremos a la ronda con los niños,
inauguraremos la plaza de la sabiduría
e izaremos en el pecho la esperanza.

The word will be as true as the firmament
we will tune our strings to the note
that moves caravans forward…

And no more torture in dingy cellars
burial grounds of oxygen or polluted air
and no more usurers bleeding the streets dry.

Let's draft a new cartography
another undiscovered path
for a new era is dawning.
            Dreaming is free!

La palabra será cierta como el firmamento
afinaremos las cuerdas en la nota
que hace avanzar las caravanas...

Y no habrá torturas en oscuros sótanos
ni cementerios de oxígeno, ni aire enrarecido
ni más usureros desangrando las calles.

Fijaremos otra cartografía
otra ruta inédita
para ese tiempo nuevo que amanece.
            ¡Soñar es gratis!

ABOUT CONSUELO HERNÁNDEZ. She is a Colombian American poet, literary critic, and worldwide traveler. She has published several poetry collections: *Mi reino sin orillas* (2016), *Poems from Debris and Ashes / Poemas de escombros y cenizas* (2006), *Manual de peregrina* (2003), *Solo de violín. Poemario para músicos y pintores* (1997), *Voces de la soledad* (1982), *El tren de la muerte* (Chapbook, 2018), and the short collection *Polifonía sobre rieles* (2011). She also has written numerous articles on Latin American literature and two scholarly books: *Voces y perspectivas en la poesía latinoamericana del siglo XX* (2009), and *Álvaro Mutis: Una estética del deterioro* (1996).

Her distinctions include the Antonio Machado Poetry Prize, Spain; Finalist in the "Ciudad Melilla" International Poetry Contest, Spain, and in the "Letras de Oro" Poetry Contest, University of Miami. In 2005, *Manual de peregrina* was included in the Library's Special Collection at American University. Her poetry appears in numerous anthologies around the world, and she has been invited for poetry readings in Latin America, the United States, Canada, and Europe in places such as: the New York Public Library, Haskell Center of Folger Shakespeare Library, Pablo Neruda Foundation in Chile, Agencia Española de Cooperación Internacional in Madrid and in Barcelona, KJCC New York University, University of Kentucky, University of Pécs Hungary, the International Poetry Festival of Medellín, and many other venues. Her poems have been translated into English, Arabic, Italian, and Portuguese. She is Associate Professor Emerita at American University, and recently an hour on the trajectory of her poetic journey was recorded and published by the Library of Congress in Washington, DC.

ACERCA DE CONSUELO HERNÁNDEZ. Es una poeta colombo-estadounidense, crítica literaria y peregrina del mundo. Es autora de *Mi reino sin orillas* (2016), *Poems from Debris and Ashes / Poemas de escombros y cenizas* (2006), *Manual de peregrina* (2003), *Solo de violín. Poemario para músicos y pintores* (1997), *Voces de la soledad* (1982), *El tren de la muerte* (opúsculo, 2018), y una colección corta *Polifonía sobre rieles* (2011). También ha escrito numerosos artículos sobre literatura latinoamericana y dos libros académicos: *Voces y perspectivas en la poesía latinoamericana del siglo XX* (2009) y *Álvaro Mutis: Una estética del deterioro* (1996).

Sus distinciones incluyen: Premio Antonio Machado de poesía, España, finalista del concurso Internacional de Poesía "Ciudad Melilla", España y del concurso "Letras de Oro" de la Universidad de Miami. En 2005, *Manual de peregrina* fue incluido en la colección especial de la Biblioteca de American University. Su poesía aparece en numerosas antologías alrededor del mundo y ha sido poeta invitada en Latinoamérica, Estados Unidos, Canadá y en Europa en lugares como: New York Public Library, Haskell Center, Folger Shakespeare Library, La Fundación Pablo Neruda en Chile, Agencia Española de Cooperación Internacional en Madrid y Barcelona, KJCC New York University, University of Kentucky, la Universidad de Pécs en Hungría, el Festival Internacional de Poesía de Medellín, entre otros. Sus poemas han sido publicados en árabe, inglés, italiano y portugués. Es profesora emérita de American University y recientemente una hora con la trayectoria de su viaje poético ha sido grabada y publicada por la Biblioteca del Congreso en Washington, DC.

ABOUT MARIA ROOF. She is Associate Professor Emerita of Spanish-American literature at Howard University, Washington, DC. In 2018 she assembled a group of twenty translators for *Women Poets of Costa Rica, 1980-2020: Bilingual Anthology*, published simultaneously in San José and Washington, DC, in 2021, accompanied by bilingual podcasts and Zoom recitals. The book is the first volume in her series of anthologies of contemporary Central American women poets.

She is the translator of *Human Rights in Latin America* by Luis Roniger (Mexico, 2018), forthcoming in English; translator and editor of Vidaluz Meneses' award-winning edition of poetry, *Flame in the Air: Bilingual Poetry Edition* (2015), preceded by her extensive interview with the Nicaraguan writer on her life and work. In 2014 she led a team of twenty translators who prepared the award-winning collection of poems against the coup d'état in Honduras, *Women's Poems of Protest and Resistance: Honduras (2009-2014), Bilingual Edition* (2015). She also translated *The Power of Love: My Victory over Breast Cancer* (2016) by Karla Icaza (Nicaragua), which won the award for Best Book in English in the 2018 International Latino Book Awards self-help category. And she translated Argentine poet Graciela Maglia's *Entrópicos / Entropics: Bilingual Edition* (2013).

María Roof is also the author of several translations of articles on political, social, and ethnic topics published in well-known journals.

ACERCA DE MARÍA ROOF. Es profesora emérita de literatura hispanoamericana en Howard University, Washington, DC. En 2018 inició la conformación de un grupo de veinte traductores para *Women Poets of Costa Rica, 1980-2020: Bilingual Anthology*, publicado en San José y Washington, DC, en 2021, acompañado de podcasts y recitales bilingües en Zoom. El libro es el primer tomo de una serie de antologías de poetas centroamericanas contemporáneas dirigida por ella.

Es la traductora de *Los derechos humanos en América Latina* de Luis Roniger (El Colegio de México, 2018), de próxima aparición en inglés; traductora y editora de la galardonada edición de las poesías de Vidaluz Meneses, *Flame in the Air: Bilingual Poetry Edition* (2015), precedida por su extensa entrevista con la escritora nicaragüense sobre su vida y su obra. En el año 2014 encabezó el equipo de veinte traductores que preparó la premiada colección de poemas de protesta ante el golpe de estado en Honduras, *Women's Poems of Protest and Resistance: Honduras (2009-2014), Bilingual Edition* (2015). También tradujo al inglés *El poder del amor: mi experiencia con el cáncer de seno* (2016) de Karla Icaza (Nicaragua) —*The Power of Love: My Victory over Breast Cancer*— que ganó el premio al mejor libro en inglés en la categoría de autoayuda de los International Latino Book Awards, 2018. Y tradujo de la poeta argentina Graciela Maglia, *Entrópicos / Entropics: Bilingual Edition* (2013).

María Roof es también la autora de diversas traducciones de artículos de tema político, social y étnico publicados en connotadas revistas.

Made in the USA
Middletown, DE
22 May 2021